BEI GRIN MACHT SICH IHR WISSEN BEZAHLT

- Wir veröffentlichen Ihre Hausarbeit, Bachelor- und Masterarbeit

- Ihr eigenes eBook und Buch - weltweit in allen wichtigen Shops

- Verdienen Sie an jedem Verkauf

Jetzt bei www.GRIN.com hochladen und kostenlos publizieren

Bibliografische Information der Deutschen Nationalbibliothek:

Die Deutsche Bibliothek verzeichnet diese Publikation in der Deutschen Nationalbibliografie; detaillierte bibliografische Daten sind im Internet über http://dnb.d-nb.de/ abrufbar.

Dieses Werk sowie alle darin enthaltenen einzelnen Beiträge und Abbildungen sind urheberrechtlich geschützt. Jede Verwertung, die nicht ausdrücklich vom Urheberrechtsschutz zugelassen ist, bedarf der vorherigen Zustimmung des Verlages. Das gilt insbesondere für Vervielfältigungen, Bearbeitungen, Übersetzungen, Mikroverfilmungen, Auswertungen durch Datenbanken und für die Einspeicherung und Verarbeitung in elektronische Systeme. Alle Rechte, auch die des auszugsweisen Nachdrucks, der fotomechanischen Wiedergabe (einschließlich Mikrokopie) sowie der Auswertung durch Datenbanken oder ähnliche Einrichtungen, vorbehalten.

Impressum:

Copyright © 2016 GRIN Verlag, Open Publishing GmbH
Druck und Bindung: Books on Demand GmbH, Norderstedt Germany
ISBN: 9783668470279

Dieses Buch bei GRIN:

http://www.grin.com/de/e-book/369471/werbewirksamkeit-des-product-placement-im-film-sex-and-the-city

Laura Voges

Werbewirksamkeit des Product Placement im Film "Sex and the City"

Exposé

GRIN Verlag

GRIN - Your knowledge has value

Der GRIN Verlag publiziert seit 1998 wissenschaftliche Arbeiten von Studenten, Hochschullehrern und anderen Akademikern als eBook und gedrucktes Buch. Die Verlagswebsite www.grin.com ist die ideale Plattform zur Veröffentlichung von Hausarbeiten, Abschlussarbeiten, wissenschaftlichen Aufsätzen, Dissertationen und Fachbüchern.

Besuchen Sie uns im Internet:

http://www.grin.com/

http://www.facebook.com/grincom

http://www.twitter.com/grin_com

COLOGNE BUSINESS SCHOOL (CBS)

Werbewirksamkeit des Product Placement am Beispiel des Films „Sex and the City"

Exposé im Fach „Medienpsychologie"

Wintersemester 2016

Frau Laura Voges

BA 14 in Studienfach General Management

I Inhaltsverzeichnis

I Inhaltsverzeichnis II

II Abbildungsverzeichnis III

1 Hintergrund und Relevanz des Themas 1

2 Theoretische Annäherungsweise und Literaturauswertung 2

3 Methodologischer Angang 5

4 Erwartete Ergebnisse 7

III Literaturverzeichnis III

II Abbildungsverzeichnis

Abbildung 1: Das Elaboration-Likelihood-Model 3
Abbildung 2: Das Stimulus-Organismus-Response-Modell 4

1 Hintergrund und Relevanz des Themas

Die Kommunikationspolitik befindet sich in einem Umschwung, welcher bereits anhand der entscheidenden Veränderungen hinsichtlich der kommunikationspolitischen Perspektiven ersichtlich ist. Diese Neuorientierung ist vorwiegend auf die gewandelten Marktbedingungen, den Technologieumschwung und das veränderte Konsumentenverhalten zurückzuführen. Der Weilen ist das Produktangebot endlos und umso äquivalenter die Produkte werden, desto wichtiger wird es diese von anderen Markenprodukten zu differenzieren (Rathmann, 2013, S.1). Diese Produkte zählen zu einem Teil zu unserer Realität, somit können Filme, wie „Sex and the City" die diese Tatsache zeigen und sich mit ihr auseinandersetzten, diesen Sektor unmöglich ausblenden (Auer, Kalweit und Nüßler, 1988, S.50). Auer, Kalweit und Nüßler führen, auf dass bereits 98,3 Prozent der angebotenen Markeninformationen, gar nicht erst durch den Rezipienten verarbeitet werden und somit eine stark aktivierende, bildliche Informationsbeeinflussung, anhand maßgeblich veränderter Werbung in den Vordergrund rückt (1988, S.21). Eines der wichtigsten Charakteristika eines Kommunikationsinstruments ist dessen Wirkung, somit kann dieses erst seine Aufgabe erfüllen, wenn die produzierte Botschaft den Empfänger zu beeinflussen vermag (Auer, Kalweit und Nüßler, 1988, S.57). Der Adressat zeigt bereits eine deutliche Identifikation, anhand medialer Darbietungen auf, welche zu einer erhöhten Nachfrage der veranschaulichten Produkte führen kann (Asche, 1996, S.27). Bezüglich dessen, erlaubt das Gesetz, seit dem 1. April 2010, den Einsatz der Werbeform Product Placement in Film und Fernsehen (Rathmann und Enke, 2011, S.37). Längst ist die Platzierung von Marken in Film und Fernsehen keine Neuheit mehr (Rathmann, 2013, S.1). Unternehmen erwerben somit die Chance, durch Einsatz des Product Placement ihre Markenprodukte und somit ihre Werbebotschaft an den Rezipienten mit Hilfe des Mediums „Film" unbewusst zu vermitteln (Rathmann und Enke, 2011, S.37). Bezüglich dessen wird die Kommunikation in eine unpersönliche und eine persönliche Kommunikation unterteilt. Charakteristisch gesehen verkörpert die unpersönliche Kommunikation, unter welche das Product Placement fällt eine indirekte Kommunikation zwischen dem Kommunikator und dem Empfänger. Diese Kontroverse wird nach Auer, Kalweit und Nüßler, als „psychische Reaktanz"(1988, S.73) beschrieben, welche besagt, dass der Konsument einer ablehnenden Weise unterliegt, bezogen auf die Markeneinstellung, sobald dieser Gefahr läuft, das seine Meinungs- und Verhaltensfreiheit bedroht wird (Auer, Kalweit und Nüßler, 1988, S.70ff.). Wie ist es also möglich, der psychischen Reaktanz vorzubeugen und eine veränderte Einstellung des Rezipienten zu diagnostizieren?

Dieses Exposé beschäftigt sich mit der Kontroverse zu der besagten Einstellung anhand des Films „Sex and the City" und des dort häufig angewandten Product Placements unterschiedlichster Produkte und Brands, indem das Einstellungskonstrukt theoretisch untermauert wird und ein methodologischer Angang, sowie zu erwartende Ergebnisse folgend vorgestellt werden. Auf Grund der in diesem Kapitel geschilderten Kontroverse und des Hintergrunds, stellt sich die folgende Forschungsfrage: **Inwiefern führt Product Placement in dem Film „Sex and the City-Der Film" zu einer veränderten Einstellung des Rezipienten bezüglich der platzierten Marken?**

2 Theoretische Annäherungsweise und Literaturauswertung

In der Literatur sind eine Vielzahl der Einstellungstheorien, wie beispielsweise, die Theorie der kognitiven Dissonanz nach Festinger oder das Modell des spontanen Verhaltens nach Fazio zu finden (Fischer und Wiswede, 2009, S. 304/ 326). Zu Beantwortung der in Kapitel 1 festgelegten Forschungsfrage, wurden ausschließlich das Elaboration-Likelihood-Model nach Petty und Cacioppo, sowie das Stimulus-Organismus-Response Modell nach Howard und Sheth herangezogen (Schnettler und Wendt, 2007, S.281), da diese den theoretischen Kontext in Bezug auf das Product Placements in dem Film „Sex and the City – Der Film" am eindeutigsten greifen und dadurch ein theoretischer Kontext hergeleitet werden kann. Folglich werden die besagten Theorien, auf die Tauglichkeit die Funktion und das Auswahlkriterium explizit erläutert.

„Das Elaboration-Likelihood-Model (ELM) von Richard E. Petty und John T. Cacioppo (1986) ist das einflussreichste psychologische Modell zur Persuasion und Einstellungsänderung" (Trepte und Reinecke, 2013, S.127) und besonders intensiv einsetzbar bei Prognosen der Werbewirkung, welches die Theorieauswahl somit untermauert (Vergleiche Abbildung 1).

Abbildung 1: Das Elaboration-Likelihood-Model

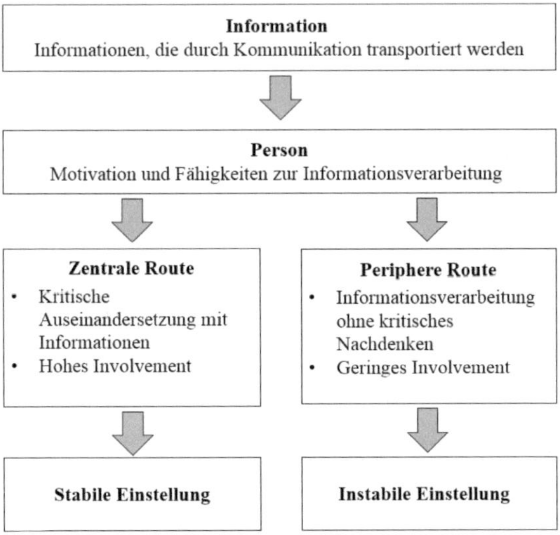

```
┌─────────────────────────────────────────────────────┐
│                    Information                       │
│  Informationen, die durch Kommunikation transportiert werden │
└─────────────────────────────────────────────────────┘
                          ↓
┌─────────────────────────────────────────────────────┐
│                      Person                          │
│    Motivation und Fähigkeiten zur Informationsverarbeitung    │
└─────────────────────────────────────────────────────┘
            ↓                              ↓
┌──────────────────────────┐  ┌──────────────────────────┐
│     Zentrale Route       │  │    Periphere Route       │
│  • Kritische             │  │  • Informationsverarbeitung│
│    Auseinandersetzung mit│  │    ohne kritisches       │
│    Informationen         │  │    Nachdenken            │
│  • Hohes Involvement     │  │  • Geringes Involvement  │
└──────────────────────────┘  └──────────────────────────┘
            ↓                              ↓
┌──────────────────────────┐  ┌──────────────────────────┐
│   Stabile Einstellung    │  │   Instabile Einstellung  │
└──────────────────────────┘  └──────────────────────────┘
```

Quelle: Eigene Darstellung in Anlehnung an DIETRICHD, Website, 2015

Die Information trifft auf einen Empfänger und folgend bewirkt diese eine Einstellungsänderung, welche auf zwei Pfaden zustande kommen kann (Trepte und Reinecke, 2013, S.127). Besitzt der Rezipient ein hohes Involvement Informationen zu verarbeiten, folgt dieser dem Pfad der Zentralen Route und entwickelt eine stabile Einstellung, verdeutlicht anhand des Apple MacBook in dem Film „Sex and the City – Der Film". Die periphere Route wird anhand einer niedrigen Motivation und Auseinandersetzung der Information gekennzeichnet und führt zu einer instabilen Einstellung (Fischer und Wiswede, 2009, S.242). Eine positive instabile Einstellung kann durch die Produktnutzung einer berühmten Persönlichkeit erfolgen. Vergleichsweise durch die Nutzung des Apple MacBook Pro durch die Hauptdarstellerin Carrie Bradshaw. (Fill, 2001, S.298).

Die eine Route schließt die andere jedoch nicht aus. In Form der Übergänge bei einer mittleren Involvementstärke, können sowohl zentrale als auch periphere Prozesse der Einstellungsbildung eintreten (Trepke und Reinecke, 2013, S.128).

Das Stimulus-Organismus-Response Model zählt zu den informationsverarbeitenden Prozessen und beinhaltet die wichtigen Determinanten des nicht-beobachtbaren Verhaltens (Vergleiche Abbildung 2), welche in Bezug auf die veränderte Einstellungsbildung, große Wichtigkeit aufweisen und somit die Auswahl dieses Modells begründen.

Abbildung 2: Das Stimulus-Organismus-Response-Modell

Stimulus (Reiz)	**Organismus**	**Response (Reaktionen)**
Marketinginstrument	**Nicht-beobachtbares Verhalten**	**Beobachtbares Verhalten**
➢ Produkt	➢ Aktivierung	➢ Zuwendung zu Produkt und Dienstleistung
➢ Preis	➢ Wahrnehmungsprozesse	➢ Probekäufe/ Erstkäufe
➢ Distribution	➢ Kognitive und emotionale Informationsverarbeitung	➢ Wiederholungskäufe
➢ Kommunikation	➢ Einstellungsbildung	
	➢ Lernprozesse	

Quelle: Eigene Darstellung in Anlehnung an Schnettler und Wendt, 2007, S.281).

Reize in Form, des bestimmten Markenproduktes, wie den der blauen Manolo Blahnik Pumps treffen auf einen Organismus, welches ein nichtbeobachtbares Verhalten bei diesem auslöst. Zu einem nichtbeobachtbaren Verhalten können zwei Determinanten gezählt werden. Die erste Determinante, die kognitive Variable, diese beinhaltet die Wahrnehmung, wie das Miterleben der Handlung durch den Rezipienten, anhand der blauen Pumps und die Verankerung in der sinnlichen Wahrnehmung, sowie die Beurteilung und den Lernprozess. Die zweite Determinante stellt die aktivierende Variable dar, bei der psychische Vorgänge im Inneren der Adressaten stattfinden. Aufgegriffen werden folgend Emotionen, wie Freude und Lebenslust, sowie Motivationen, Einstellungen und Lernprozesse (Sigg, 2009, S.12). Somit führt das nichtbeobachtbare Verhalten eines Organismus zu einer beobachtbaren Reaktion in Form von Probekäufen, Zuwendungen zu den blauen Manolo Blahnik Pumps oder sogar zu Wiederholungskäufen (Bagusat, Marwitz, Vogl, 2008, S.43).

3 Methodologischer Angang

Die Beantwortung erfolgt nach deduktiver Vorgehensweise, somit werden die Theorien der Medienpsychologie aus Kapitel 2, auf die vorher ausgewählten Product Placements, wie Apple und Manolo Blahnik, des Films „Sex and the City" angewendet und abschließend methodisch überprüft.

Zur Überprüfung wird ein quantitativer Fragebogen erstellt. Befragt werden 20 Frauen in einer Altersspanne von 20- 40 Jahren, die in Bezug auf den Film „Sex and the City– Der Film", anhand der Placements Apple und Manolo Blahnik eine Aufmerksamkeitsbildung empfunden haben. Folgend werden Fragen gestellt, die auf die visuelle und verbale Konfrontation anhand der gestellten Reize, in Form der Placements in dem Film, sowie auf die Aufmerksamkeitsgenerierung, die Einstellungsbildung und das darauffolgende Verhalten abzielen. Des Weiteren enthält der quantitative Fragebogen, Fragen, welche auf die verwendeten Modelle eingehen. Das vollziehen eines Experiments erscheint nicht vollkommen geeignet, da Involvement erst im Laufe eines Prozesses und nicht auf kurz gezeigte Filmausschnitte der Placements gebildet wird, somit müssten Frauen gefunden werden, die die Serie oder andernfalls den Film vollständig gesehen haben. Zu Folge ist ein nicht-beobachtbares Verhalten, wie die Wahrnehmung oder auch die emotionale Informationsverarbeitung schwer zu messen. Einerseits könnte die Wahrnehmungsempfindung anhand visueller Eindrücke gemessen werden, beispielsweise wie eine Frau auf das Bild eines Manolo Blahnik oder eines MacBook Pro reagiert folgend könnte eine Rating-Skala mit den Auswahlpunkten von sehr gut bis sehr schlecht zur Auswahl gestellt werden. Anknüpfend daran könnte mittels der physiologischen Aktivierungsmessung, anhand des zur Schaustellen der Produkte, wie ein MacBook Pro oder eines blauen Manolo Blahnik Pump, der Puls, der Herzschlag, der

Atem oder die Stimmfrequenz der Testpersonen gemessen werden und daraus Rückschlüsse gezogen werden (Bruhn, 2010, S. 555).

Die Fragen könnten beispielsweise folgend lauten:

Elaboration-Likelihood-Model

- Für welches Unternehmen, steht das gezeigte Markenlogo? (Stabile Einstellung)
- Erscheint Ihnen die Kolumnistin Carrie sympathisch / unsympathisch? (Instabile Einstellung)
- Welche Marke aus dem Film verbinden Sie besonders mit Carrie? (Stabile Einstellung)

Stimulus-Organismus-Response Modell

- Welche Farbe haben Carries Manolo Blahniks? (Stimulus)
- Schätzen Sie die Schuhe für qualitativ teuer ein? (Stimulus)
- Welche Assoziationen verknüpfen Sie mit den blauen Manolo Blahnik Pumps? (Organismus)
- Würden oder haben Sie diese Schuhmarke gekauft? (Reaktion)

4 Erwartete Ergebnisse

Die Rezipienten des Films „Sex and the City-Der Film" können innerhalb der qualitativen Befragung umfassende Antworten aufstellen und zeigen somit das diese sich mit dem Apple und Manolo Blahnik Placements, sowie dem Film auseinander gesetzt haben und Einstellungen, hinsichtlich Sympathie und Antipathie den Medienpersonen und den Produkten gegenüber hegen. Die Forschungsfrage, in Bezug auf das verwendete Elaboration-Likelihood-Model kann anhand des Apple Placements folgendermaßen beantwortet werde. Beginnend besitzt der Rezipient gegenüber dem Apple MacBook Pro bereits eine hohe Motivation und somit eine kritische Auseinandersetzung mit der Information und verfolgt somit den Pfad der zentralen Route. Anhand der visuellen Placements, in Form der bildlichen Darstellung des Markenlogos wird die Aufmerksamkeit der Rezipienten stärker aktiviert und die Markenlogobilder wandern folgend als schnelle Schlüsse verankert in das Gehirn (Auer, Kalweit und Nüßler, 1988, S.21). Gestärkt wird die Werbewirkung der Marke Apple, durch das Nutzen des MacBook Pro seitens der Hauptdarstellerin Carrie. Somit ist das MacBook langfristig in den Film integriert, gerade durch das Schreiben ihrer Bücher und Kolumnen an diesem Laptop. Mittels der Beständigkeit des Markenbildes, welches für Sicherheit, Glaubwürdigkeit und eine gleichbleibend gute Qualität steht, wird eine stabile Einstellung der Rezipienten hinsichtlich der Marke Apple gebildet. Ebenso kann der Rezipient, wenn dieser ein geringes Involvement der Informationsverarbeitung besitzt, das heißt ausschließlich auf die Medienperson Carrie achtet und sich mit dieser identifiziert und diese modebewusst, qualitätsbewusst und sympathisch findet eine instabile Einstellung den Placements gegenüber bilden (Auer, Kalweit und Nüßler, 1988, S.13/14). Es ist jedoch nicht ausgeschlossen, dass der Rezipient bei einer mittleren Involvementstärke erst die periphere Route durchläuft und folgend anhand der zentralen Route eine stabile Einstellung bildet (Trepke und Reinecke, 2013, S.128).

Die Forschungsfrage kann anhand des verwendeten Stimulus-Organismus-Response Models, bezüglich des Manolo Blahnik Placements folgendermaßen beantwortet werden. Erstmals erreicht den Rezipienten ein visueller Reiz in bildlicher Form, anhand des blauen Manolo-Blahnik Pumps, welches effizienter die Aufmerksamkeit fordert als einfache verbale Verwendung, die jedoch folgend unterstützend wirkt. Des Weiteren steht die Kolumnistin Carrie für teure Markenkleidung und der angenommene, hohe Preis der Schuhe stellt für den Rezipient eine Schlüsselinformation für die Qualität dar (Auer, Kalweit und Nüßler, 1988, S.17ff.). Die zuweilen dauerhafte Konfrontation der blauen Manolo-Blahnik Pumps, vermittelt dem Konsument ein Bild von Lebensgefühl, da Carrie schlussendlich durch das Tragen dieser Schuhe auf ihrer Hochzeit, ihr Glück mit ihrem Mann John offeriert, welches der Zuschauer auf ein positives Markenimage überträgt. Durch diese Einbettung empfindet der Rezipient Emotionen, wie Leidenschaft, Freude, Liebe und Zuneigung (Koppelmann, 2001,S.43). Die blauen Manolo Blahniks werden von dem Zuschauer als nicht ersetzbarer Gegenstand in der Wirklichkeit angenommen und werden durch die dauerhafte Konfrontation in das Langzeitgedächtnis aufgenommen, welches Carrie dadurch verstärkt, das sie ihr personenspezifisches Image auf diese Pumps überträgt und diese erstrebenswert erscheinen lässt, das somit zu einer positiven Einstellung, Zuwendung zu dem Produkt und einem schlussendlichen Kauf führen kann (Auer, Kalweit und Nüßler, 1988, S.68). Folgend weißt Product Placement ein starkes Wirkungspotenzial auf. Vor allem die Markenerinnerungen und-einstellungen gehören zu einem vorwiegenden Antrieb hinsichtlich der Akzeptanz der Marke. Besonders wird anhand dessen die Botschaft der Marke in realitätsnahen Umfeldern am besten übermittelt. Zu weilen ist natürlich eine einwandfrei Umsetzung in einem Film erforderlich (Auer, Kalweit und Nüßler, 1988, S.74/75). Zurückführend auf den Film „Sex and the City-Der Film" besteht hinsichtlich der Marken Apple und Manolo Blahnik eine Entfaltung der Wirkungsbotschaft, welche zu einer positiven Prägung der Markenerinnerung, -einstellung und –präferenz, sowie zu einem schlussendlichen Interesse und Kauf der Marken geführt hat (Auer, Kalweit und Nüßler, 1988, S.224).

III Literaturverzeichnis

Asche, F. (1996). *Das Product Placement in Kinospielfilmen.* Frankfurt: Peter Lang GmbH.

Auer, M. **Kalweit**, U. **Nüßler**, P. (1988). *Product Placement. Die neue Kunst der geheimen Verführung.* Düsseldorf, Wien, New York: ECON Verlag GmbH.

Bagusat, A. **Marwitz**, C. **Vogl**, M. (2008). *Handbuch Sponsoring. Erfolgreiche Marketing- und Markenkommunikation.* Berlin : Erich Schmidt Verlag GmbH & Co.

Bruhn,M. (2010).*Kommunikationspolitik. Systematischer Einsatz der Kommunikation für Unternehmen.* (6. Auflage). München: Verlag Franz Vahlen GmbH

Fill, C. (2001). *Marketing-Kommunikation. Konzepte und Strategien.* (2.Auflage).München: Pearson Studium.

Fischer, L. **Wiswede**, G. (2009). *Grundlagen der Sozialpsychologie.* (3.Auflage).Oldenbourg: Wissenschaftsverlag GmbH.

Koppelmann, U. (2001). *Produktmarketing. Entscheidungsgrundlage für Produktmanager.* (6.Auflage). Berlin, Heidelberg: Springer-Verlag.

Rathmann, P. **Enke**, M. (2011). *Product Placement-Kommunikation jenseits klassischer Werbung.* Zeitschrift: transfer. Werbeforschung & Praxis.

Rathmann, P. (2014). *Medienbezogene Effekte von Product Placement. Theoretische Konzeption und empirische Analyse.* Wiesbaden: Springer Fachmedien.

Schnettler, J. **Wendt**, G. (2007). *Werbung planen-Konzeption, Media und Kreation.* (2.Auflage). Berlin : Cornelsen Verlag Scriptor GmbH & Co. KG.

Sigg, B. (2009). *Emotionen im Marketing. Neuroökonomische Erkenntnisse.* Bern, Stuttgart, Wien : Haupt Verlag.

Trepte, S. **Reinecke**, L. (2013). Medienpsychologie. Stuttgart: W. Kohlhammer Druckerei GmbH + Co. KG.

Sex and the City: Der Film. Michael Patrick King. USA(2008).

Internetquellen:

DIETRICHD (2015). *Konsumenteneinstellungen beeinflussen-Das Elaboration Likelihood Model.* Zugriff am 26.03.2016 unter http://www.dietrichid.com/allgemein/elaboration-likelihood-model/

Dieses Exposé beinhaltet 1867 Wörter.

BEI GRIN MACHT SICH IHR WISSEN BEZAHLT

- Wir veröffentlichen Ihre Hausarbeit, Bachelor- und Masterarbeit

- Ihr eigenes eBook und Buch - weltweit in allen wichtigen Shops

- Verdienen Sie an jedem Verkauf

Jetzt bei www.GRIN.com hochladen und kostenlos publizieren